COLLECTION DE M. G...llet

TABLEAUX MODERNES

Aquarelles, Gouaches, Pastels

DESSINS, GRAVURES

Nombreux Dessins par MEISSONIER

Sculptures

PARIS — 1896

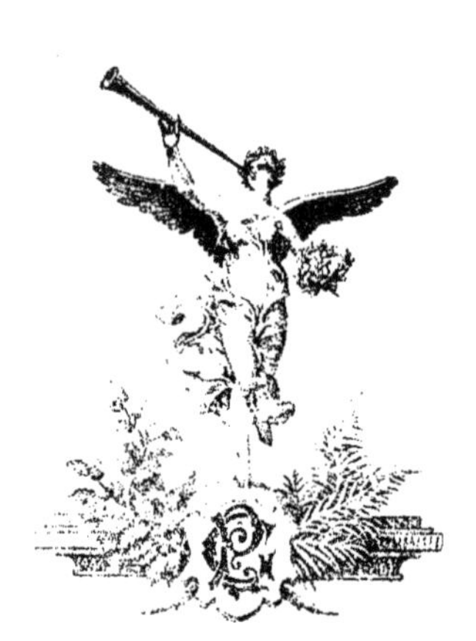

TABLEAUX MODERNES

Aquarelles

DESSINS — SCULPTURES

PARIS — IMPRIMERIE GEORGES PETIT
12, RUE GODOT-DE-MAUROI, 12

CATALOGUE

DE

TABLEAUX MODERNES

PAR

AUBLET, BONNAT, CAZIN, COROT, DAUBIGNY, DELACROIX
HENNER, CH. JACQUE, J.-P. LAURENS
DE NEUVILLE, PASINI, E. PETIT, RIBOT, ETC.

Aquarelles, Pastels, Gouaches, Dessins

GRAVURES

PAR

ALLONGÉ, DE BEAUMONT, DUEZ, GUÉRARD, GUÉRIN
KARL ROBERT

Nombreux dessins par MEISSONIER

SCULPTURES par CARRIÈS et MARQUET DE VASSELOT

Le tout dépendant de la Collection de M. G.

ET DONT LA VENTE AURA LIEU A PARIS

HOTEL DROUOT, SALLE N° 1

***Le Lundi 20 Avril 1896**, à 2 heures 1/2*

COMMISSAIRE-PRISEUR

Mᵉ PAUL CHEVALLIER

10, Rue de la Grange-Batelière, 10

EXPERTS

M. GEORGES PETIT	**M. FÉLIX GERARD Fils**
12, Rue Godot-de-Mauroi, 12	7 bis, Rue Laffitte, 7 bis

EXPOSITIONS

PARTICULIÈRE, le Samedi 18 Avril 1896, de 1 heure 1/2 à 5 heures 1/2
PUBLIQUE, le Dimanche 19 Avril 1896, de 1 heure 1/2 à 5 heures 1/2

Produit 113,995 —

CONDITIONS DE LA VENTE

Elle se fera au comptant.

Les acquéreurs paieront cinq pour cent en sus des enchères.

Tableaux

AUBLET

ALB.,

1 — *Baigneuse.*

Toile.

AUBLET

ALB.

2 — *L'Infante.*

Debout, en pied, presque de face.

Signé à gauche : *1887.*

Toile. Haut., 1 m. 35 ; larg., 75 cent.

AUBLET

ALB.

3 — *Au bord de l'eau.*

Une jeune nymphe, assise au bord de l'eau et rattachant ses cheveux : le soleil, autour d'elle, rit dans les verdures.

Toile. Haut., 60 cent : larg., 42 cent.

BISSON
(HENRI)

4 — « *Boule* ».

Signé à gauche, en bas : *1877*.

Toile. Haut., 90 cent. ; larg., 47 cent.

BONNAT

5 — *Le Modèle*.

Pendant l'instant de repos qui interrompt la pose, la petite Italienne, vue de profil à droite et agenouillée sur le sol, se fait un pupitre de la table à modèle, d'où elle descend, et s'amuse à dessiner.

Signé à droite, en bas.

Collection Coquelin.

Toile. Haut., 32 cent. ; larg., 40 cent.

CAZIN

6 — *Plage*.

La plage est déserte ; la mer calme porte au lointain une voile noire ; sur l'horizon pèse le ciel fauve et, du milieu des nuages, où l'orage peut-être se prépare, l'astre paraît sans rayons, comme lassé.

Signé à droite, en bas.

Collection Coquelin.

Panneau. Haut., 21 cent. ; larg., 25 cent.

CONSTABLE

7 — *Le Soir.*

Sur la nature, le soir fait tomber son ombre enveloppante ; mais au ciel, avant le noir sommeil, le soleil laisse traîner encore de fauves rayons de lumière en un incomparable décor de féerie.

Collection Coquelin.

Panneau. Haut., 12 cent.; larg., 12.

COROT

8 — *La Rochelle.*

Au fond, la ville étagée que domine un dôme. A gauche, une pente aux mousses pâlissantes. A droite, sur le bord de la baie, un bonhomme assis près de sa barque amarrée. Dans l'eau frissonnante, le ciel où courent des clartés grises, et sur tout le paysage, une ambiance d'une extrême poésie.

Collection Coquelin.

Panneau. Haut., 26 cent.; larg., 43 cent.

DAUBIGNY

9 — *Un coin de la Tamise.*

Sous un ciel orageux, où courent quelques clartés fauves, des bâtiments sont amarrés à chaque rive du fleuve ; le long des quais se dressent les hautes constructions des magasins ; à gauche, au premier plan, la berge descend en pente douce jusqu'à l'eau qui vient expirer contre elle.

Collection Coquelin.

Panneau. Haut., 20 cent. ; larg. 33 cent.

DELACROIX

10 — *L'Éducation d'Achille.*

Dans la campagne accidentée, le centaure Chiron, couronné de laurier, porte Achille en croupe et, lancé au galop, lui enseigne à tirer de l'arc. Au fond, le ciel s'allume de clartés d'incendie ; à gauche, un chien court en aboyant.

Signé au milieu, en bas, et daté de *1862*.

Exposition centennale de l'Art français, 1889.

Collection Coquelin.

Haut., 38 cent.; larg., 46 cent.

Eug Delacroix

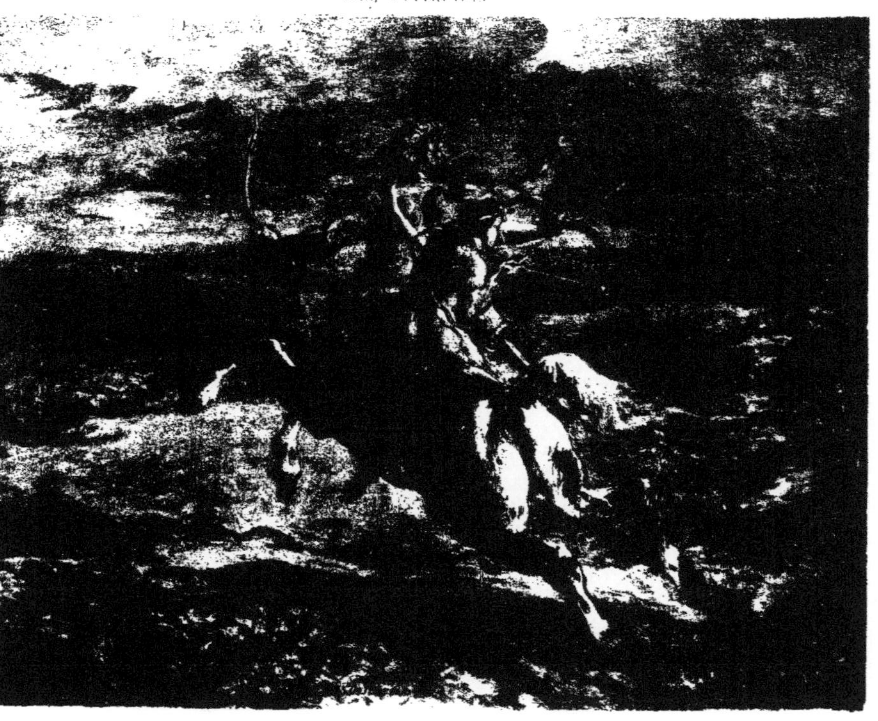

HENNER

11 — *Nymphe couchée.*

Au bord de la source, elle est étendue sur un banc de verdure et vue de dos. Ses cheveux fauves sont dénoués : de blondes clartés caressent ses chairs aux modelés discrets.

Signé à gauche, en bas.

Panneau. Haut., 20 cent. ; larg., 25 cent.

HENNER

12 — *Madeleine.*

Elle est agenouillée, abattue, désolée, les mains jointes, les bras raidis. Elle est placée de trois quarts à gauche.

Signé à droite.

Panneau. Haut., 26 cent. ; larg., 19 cent.

HENNER

13 — *La Veuve.*

Assise, de profil à droite, la tête inclinée mélancoliquement. Son visage s'éclaire dans la tristesse des crêpes noirs. Un rayon met des ardeurs de métal dans ses cheveux fauves.

Signé à droite, en haut.

Panneau. Haut., 34 cent. ; larg., 25 cent.

JACQUE

(CH.)

14 — ***L'Abreuvoir.***

C'est le soir : le berger a conduit son troupeau au bord d'une mare, où ses moutons se désaltèrent. Le berger, sur un pli de terrain, que dominent de grands arbres, les contemple, appuyé sur son long bâton, tandis qu'au ciel, la lune, voilée encore, enveloppe l'atmosphère de clartés douces.

Signé en bas, à droite.

Toile. Haut., 45 cent.; larg., 37 cent.

LAURENS

(J.-P.)

15 — ***François de Borgia devant le Cercueil d'Isabelle de Portugal.***

« François de Borgia fut chargé par l'empereur Charles-Quint d'accompagner à Grenade le corps de l'impératrice Isabelle. Après la solennité des funérailles, il fit ouvrir le cercueil, afin de reconnaître le cadavre de sa souveraine défunte. A la vue de ce visage, autrefois plein d'attraits, à présent si défiguré..... »

(*Vie des Saints.*)

Salon de 1876, n° 1206.

Signé à droite, en bas, daté : *1876.*

Toile. Haut., 2m70 ; larg., 1m52.

DE NEUVILLE

16 — *Le Calfatage.*

Signé à gauche, en bas.

Panneau. Haut., 50 cent., larg., 34 cent.

PASINI

17 — *Le Ruisseau.*

Au milieu de la campagne où paissent des bœufs, un ruisseau dessine son miroir argenté. Le ciel est mouvementé et orageux.

Signé à droite, en bas : *1854.*

Panneau. Haut., 27 cent.; larg., 42 cent.

PETIT

EUG.

18 — *Fleurs.*

RIBOT

TH.

19 — *Les Titres de Famille.*

Une vieille femme, assise, vue de profil, jusqu'à mi-jambes ; elle feuillette le livre ancien des heures du foyer.

Signé à droite.

Panneau. Haut., 55 cent.; larg., 45 cent.

RIBOT

TH.

20 — *Le vieux Pêcheur.*

Il est vu jusqu'à mi-corps, assis, de trois quarts à gauche; la barbe grisonne; le vêtement est marron; la tête coiffée d'un feutre noir à larges bords.

Signé à droite, en bas.

Toile. Haut., 72 cent.; larg., 59 cent.

SARGENT

J.

21 — *A Séville.*

Dans une rue baignée d'ombre, deux personnages en conversation aimable. A gauche, quelques friperies pendues à une porte.

Signé à gauche et en bas.

Collection Coquelin.

Toile. Haut., 71 cent.; larg., 48 cent.

ÉCOLE FRANÇAISE

22 — *Thermomètre.*

Monté sur un panneau de bois, fond vert céladon, décoré de guirlandes.

Aquarelles — Gouaches
Pastels — Dessins

ALLONGÉ

23 — *En forêt.*

Pendant l'automne : sur le sol, des feuilles rousses, que la rafale balaiera. De grands arbres qui se dressent sur une pente douce.

Pastel très important.

Signé à gauche, en bas.

ALLONGÉ

24 — *Sous bois. Effet d'automne.*

Signé à gauche.

Pastel.

ALLONGÉ

25 — *Le Chemin.*

Signé à gauche.

Aquarelle.

DE BEAUMONT

26 — ***Après le bal.***

Caricature.

Au bas, on lit cette légende : « Ah ça ! mais... v'là une drôle de connaissance que j'ai faite à c'bal... »

Dessin rehaussé.

DUEZ

27 — ***Les Dunes.***

Les dunes à Villerville. Au fond, la mer dans les premiers plans, des flaques d'eau où le ciel se réfléchit.

Pastel.

Collection Coquelin.

Haut., 50 cent.; larg., 65 cent.

GUÉRIN

28 — ***Étude de femme.***

Elle est vue de dos, accoudée, le torse nu ; près d'elle, des coussins cachés sous des satins roses.

Signé à droite.

Pastel.

MEISSONIER

E.

*Ce n'est pas un pur effet du hasard, qui réunit en cette collection une nombreuse suite de dessins et d'études de Meissonier. L'homme, qui les avait acquis, lors de la vente de l'atelier du maître, les avait choisis avec un soin éclairé; il avait compris ce qu'il y avait d'art dépensé dans ces feuilles, qui, chacune, constituaient une œuvre, et il ne sera pas déplacé de répéter ici le jugement porté sur les études de Meissonier, par le journal l'*Art :

« Je veux dégager une sensation nouvelle à laquelle les études de Meissonier donnent l'éveil; je veux demander aux documents nombreux laissés par l'artiste quelle a été l'idiosyncrasie de son inspiration et de sa manière; je veux le chercher là où, de son vivant, il évitait, il refusait même de se montrer, là où, deux ans après sa mort, ses contemporains vont apprendre à le connaître, dans le plus admirable et la plus consolante des révélations.

« Meissonier, en effet, n'a jamais voulu, de son vivant, montrer ses études au public; soit par coquetterie, soit plutôt par un excès de modestie et de conscience, il ne comprenait pas qu'un artiste, si grand fût-il, presentât une œuvre à l'examen des foules, autrement que parée de tout ce que son art, son talent, son génie était capable d'y mettre. Et s'il s'in-

téressait, en curieux esthète qu'il était, à des travaux incomplets, et par conséquent imparfaits, complaisamment soumis à la critique par ses confrères, il appliqua pour lui, dans toute sa rigueur, le principe que je viens d'énoncer. Or, j'ai eu la rare faveur de voir une à une toutes ses études, j'ai eu la rare faveur de les manier dans son atelier même, dans cette maison de Poissy où il a créé tous ses chefs-d'œuvre, dans le jour de ces fenêtres à croisillons auprès desquelles, sous l'éparpillement de la lumière, il s'est plu si souvent à encadrer ses liseurs et ses gentilshommes des siècles disparus, et je me suis senti plein de respect pour ce vaillant, si difficile à sa propre besogne, si scrupuleux de tout ce qui pouvait justement contribuer à assurer définitivement sa renommée; j'ai compris que celui-là n'avait pas construit sur le sable; j'ai compris aussi à quelle énorme somme de travail il lui avait fallu se dépenser, pour mettre dans tout ce qu'il signait des qualités qui fissent de son nom un nom durable.

« Plus que ses tableaux, pourtant si impeccables en leur maturité de composition, et en leur extraordinaire intensité de rendu, plus que ses tableaux, ses études le montrent grand artiste. Ses études? Elles portent vivantes toutes ses conceptions; elles affirment tous ses efforts; elles ressuscitent tout un monde et tous les mondes; elles sont la vie, mais la vie réfléchie dans le miroir de chaque époque, avec le caractère de chacune, des choses et des individus, de l'aspect extérieur et de l'expression morale, du pittoresque et de la psychologie.

« Dans les commencements, quand Meissonier demande aux dessins et aux bois, faits la nuit, le pain quotidien pour lui et la famille qui est devenue la sienne, dans l'étroite

communion des cœurs et de la lutte, il tourne son regard du côté des grands drames de la Bible, ou des paraboles du Nouveau Testament. Une fois, il cherche la composition d'un Samson luttant à grands coups de mâchoire d'âne contre les Philistins; une autre fois, il veut figurer, sous la vision mystique et nimbée d'or du Christ, les quatre Évangélistes, et s'il n'exécute jamais ces tableaux, il en laisse au moins des contours et des études d'une extraordinaire puissance; il est tels dessins de draperie et d'attitude pour les Évangélistes, qui sont et restent des morceaux de maître; cela a une simplicité, une crânerie, une noblesse, qu'on ne retrouvera que chez les meilleurs de la Renaissance.

« Mais Meissonier était de son temps, s'il est désormais de tous les temps, et à la formule dictée par David, amollie par Flandrin et assagie par Ingres, il préféra un rôle dans la légion de ceux qui voulaient un art nouveau, c'est-à-dire un art très ancien, mais modifié par chaque heure tombée au sablier du temps. Seulement, alors que le romantisme de panache et de sentiment sévissait dans son audacieuse, mais passagère splendeur, Meissonier, avec sa raison et sa conscience, voulut dans le romantisme quelque chose de plus solide, de plus vrai, de plus réel. Il ne demanda au romantisme qu'une comparaison qui lui fit entrevoir combien le pittoresque des âges lointains était préférable à la monotonie et à la monochromie de ses contemporains, et c'est alors qu'il ressuscita, avec une merveilleuse intuition des choses d'autrefois, ces reîtres, ces bravi, ces gentilshommes Louis XIII en si galante et coquette posture, ces voyageurs, ces liseurs, ces joueurs de boules et de tonneau, ces philosophes, ces Vénitiens d'une élégance pleine de grandeur, tous ceux enfin qui vivent

dans ses tableaux, tous ceux que nous retrouvons dans ses études.

« *La vie! voilà quelle a été la préoccupation de Meissonier, mais non seulement la vie qui se traduit par un mouvement, la vie aussi qui porte une date, la vie dont le principe change d'aspect avec les races et les civilisations. Regardez un des bonshommes de Meissonier : il porte un habit qui ne sort pas de chez le fripier pour être endossé par le modèle à tant la séance. Cet habit est bien celui du bonhomme qui l'a revêtu, comme ce bonhomme est bien celui qui convient à l'habit. Meissonier n'est pas un historien qui fait défiler devant nous les époques où il a fouillé, c'est un chroniqueur spirituel, d'une vision prodigieusement sincère et juste, qui nous transporte en plein milieu de ces époques. Et c'est précisément parce qu'il a le sens de l'observation, et d'une observation que je n'hésite pas à qualifier de rétrospective, qu'il nous intéresse jusqu'en ses moindres croquis, et qu'il se défend de toute répétition monotone. Il a fait souvent les mêmes hommes, il n'a jamais refait le même homme.....* »

L. Roger-Milès. — Journal l'*Art.*

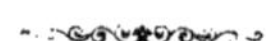

29 — *La Saint-Barthélemy.*

La cloche fatale a sonné : huguenots et catholiques sont aux mains ; devant le porche même de l'église, les mousquets partent tout seuls ; déjà le sol est jonché de cadavres. Au milieu, un cavalier, monté sur un cheval blanc lancé au galop, vient de recevoir en pleine poitrine un coup de feu qu'a tiré un homme debout, à droite. De ci, de là, des combattants prennent la fuite ; dans le fond, sous une clarté blonde, la bataille se continue terrible.

Aquarelle.

30 — *Polichinelle.*

Polichinelle montre son profil à droite ; il a les mains derrière le dos ; son pourpoint est clair sur une culotte grenat ; le pied droit est gaillardement jeté en avant.

La vieille figure ridée sourit sous le chapeau à cornes, et l'œil s'allume d'une étincelle pleine de malice.

Aquarelle sur papier blanc (1861).

Haut., 16 cent. 1/2 ; larg., 9 cent. 1/2.

31 — *Les Amateurs de peinture.*

Devant le chevalet du maître, où se trouve une toile ébauchée, les amateurs sont réunis ; l'un, vu de dos, vêtu d'un habit vert, est assis à droite ; un autre, vêtu de rouge, assis également, dessine son profil spirituel sur le vêtement marron de son voisin, qui, lui, est debout. L'homme au vêtement rouge examine et se tait. De sa main droite, il caresse son menton, tandis que la main gauche tient le tricorne et s'appuie à la pomme de la canne. Un quatrième personnage est ébauché à gauche.

(1862).

Aquarelle.

Haut., 19 cent. 1/2 ; larg., 23 cent. 1/2.

32 — *Étude de Cheval.*

Un cheval blanc, de trois quarts et en tête, portant un cavalier. A droite et à gauche, indication de personnages sous la charpente d'un auvent.

(1869).

Aquarelle et gouache sur papier gris.

Haut., 17 cent. 1/2 ; larg., 18 cent. 1/2.

33 — *Étude de Dragon.*

Sur un cheval bai foncé, vu de face, la tête tournée à droite, un dragon se tient en selle, le bras gauche ballant naturellement, la tête légèrement tournée à gauche.

Étude pour *Le Guide*.

(1876).

Aquarelle.

Haut., 39 cent. ; larg., 34 cent.

34 — *Aide de Camp et son escorte.*

Dans la campagne aux herbes ravagées, le général, en selle sur un cheval bai vu de profil à gauche, marche au trot, battu par la pluie et le vent qui soulève son manteau noir. Il penche la tête en avant, pour se faire un abri des pointes de son bicorne. Derrière lui, deux hussards forment son escorte. Au ciel, la tempête promène des nuages menaçants.

(1878).

Aquarelle.

Haut., 39 cent. 1/2 ; larg., 60 cent. 1/2.

35 — *Étude pour un cuirassier.*

Un cuirassier en selle, le torse penché en avant, le bras droit porté en avant, presque horizontalement et légèrement de côté, la main à la poignée du sabre.

Aquarelle. Sur le haut de la feuille, un croquis au crayon de la main à la poignée du sabre.

Étude pour le *1807*.

1887

Haut., 27 cent. ; larg., 19 cent.

36 — *Étude pour un Cuirassier.*

Un cuirassier en selle, de profil à gauche, la tête légèrement renversée en arrière, le bras droit porté en avant et levé, le bras gauche tenant les rênes ; le cheval est légèrement indiqué, mais à l'attitude de la jambe pesant sur l'etrier de la selle, avec la chabraque et le paquetage, on devine un cavalier lancé au galop.

Étude pour le *1807*.

Aquarelle sur papier blanc.

1887

Haut., 38 cent. 1/2 ; larg., 27 cent. 1/2.

2000
/

37. — *Dragon de l'armée d'Espagne.*

Il est cantonné chez un bourgeois : le déjeuner est achevé. A gauche, sur la table de bois, la tasse de café et le carafon de cognac. Près de la table, contre le mur, assis sur une chaise, les genoux écartés, presque de face, la main droite à la cuisse, le dragon fume tranquillement sa pipe. Il a la digestion souriante : un air de contentement béat flotte sur ses lèvres. Près de lui, sur une chaise, il a déposé le casque, le sabre et les buffleteries.

Aquarelle (1890).

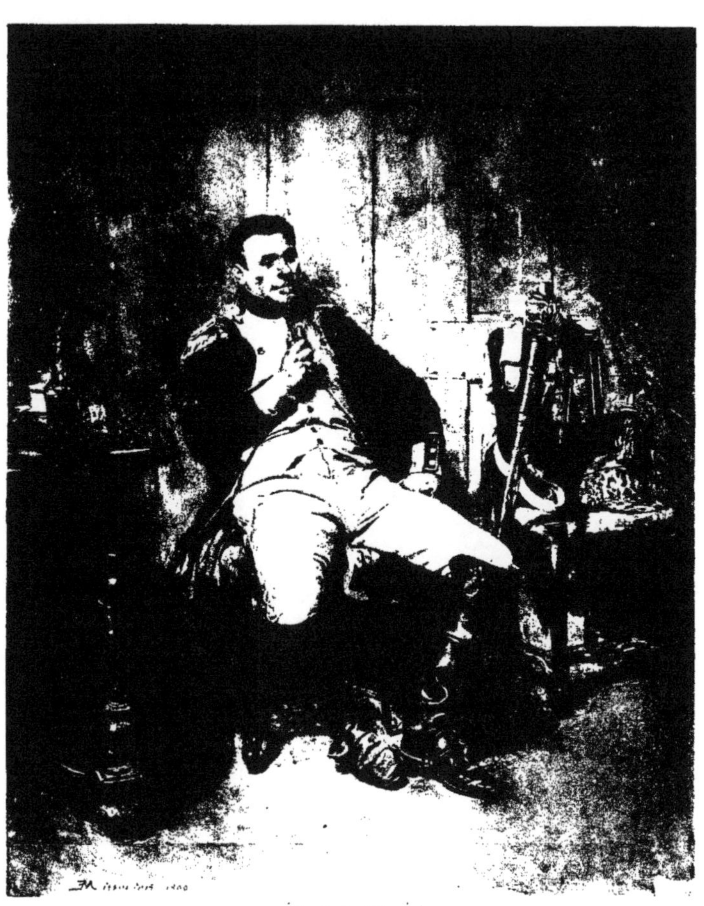

Dragon de l'armée d'Espagne

38 — *Étude pour un tableau représentant Charles le Téméraire.*

Études d'hommes couchés.

Dessin au crayon noir, sur papier crème.

1834

39 — *Etude pour « les Évangélistes ».*

Un évangéliste, vu de profil à droite; la main droite porte, fermé contre la poitrine, le livre sacré. L'homme, dont on ne voit pas la tête, est drapé à l'antique.

Dessin à la sanguine.

1838

40 — *Etude pour les « Bourgeois de Calais ».*

Une vieille femme écroulée auprès d'un mur, de profil à droite; la tête est renversée, penchée sur l'épaule droite, coiffée d'une sorte de madras; le bras tombe naturellement jusqu'au sol.

A droite, sur la même feuille et en haut, un croquis de la tête.

Dessin à la mine de plomb, sur papier vergé teinté.

1844.

Haut., 24 cent. 1/2; larg., 16 cent. 1/2.

41 — *Étude pour le « Samson ».*

Un homme, écroulé sur le sol, le poing gauche levé dans un geste de menace, la main droite lui servant de point d'appui : il est vu de trois quarts à droite.

Sur le même feuillet, une autre étude de jambes.

Dessin à la mine de plomb, sur papier chamois.

1845

Haut., 23 cent. ; larg., 18 cent.

42 — *Étude pour le « Samson ».*

Un homme nu, renversé dans l'attitude d'un lutteur antique.

Dessin au crayon noir et à la sanguine portant les corrections du maître, sur papier chamois.

(1845)

Haut., 15 cent. ; larg., 21 cent.

43— *Étude pour « la Barricade »*

Un homme, renversé sur le dos, le bras droit écarté, la main gauche ramenée à l'estomac ; le raccourci est vu de droite à gauche.

Dessin au crayon, rehaussé de blanc, sur papier bleu.

(1848)

Haut., 13 cent. 1/2 ; larg., 19 cent. 1/2.

44 — *Le Café.*

Dans un salon du siècle dernier, à l'heure du café: à gauche, des personnages assis. A droite, un guéridon près duquel se tiennent debout une jeune femme et des gentilshommes, une tasse à la main. Au fond, un bonhomme assis de profil, qui ressemble beaucoup au patriarche de Ferney.

Dessin à la mine de plomb, sur buis.

(1848)

45 — *Gentilhomme Louis XV.*

Un gentilhomme Louis XV, vu de trois quarts à gauche et saluant avec infiniment de respect une jeune femme vue de profil à droite, qui lui fait une révérence.

Dessin sur buis, à la plume, avec quelques touches de gouache.

(1849)

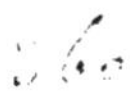

46 — *Un Chevalier.*

Sur son cheval qui piaffe, raide dans son armure, le gantelet de fer à la cuisse, il marche à la tête de ses lances, sous le ciel largement ennuagé; à droite, au fond, un homme d'armes à pied.

Dessin sur buis, à l'encre et à la mine de plomb, rehaussé de gouache.

(1849)

47 — *Un Bourgeois de Paris.*

Un bonhomme, la main droite dans la poche de son pantalon, de profil à droite et soulevant son chapeau de la main gauche ; il est vêtu d'une redingote ; la jambe gauche est portée en avant.

Dessin sur buis à la mine de plomb et à la plume.

(1849)

48 — *Étude pour « un Dimanche à Poissy ».*

Au-devant d'un cabaret du siècle dernier, sont rangées les tables assiégées par les buveurs ; un joueur de quilles va précipiter sa boule dans un geste violent.

Dessin à la plume ; les arbres sont dessinés à la mine de plomb.

(1850)

Haut., 18 cent. ; larg., 27 cent.

49 — *Étude pour « le Dimanche à Poissy ».*

Devant l'auberge, aux tables occupées par les buveurs, on a installé le tonneau, et un joueur, à gauche, s'apprête, la main portée en avant, à y lancer le palet. Ses compagnons le regardent d'un air narquois. Ils ont posé leurs tricornes et leurs manteaux sur les bancs de la table qu'ils occupaient. Au premier plan, un chien dort, couché sur le flanc, et des poules picorent les grains d'avoine. A droite, derrière les branches touffues, on aperçoit la demeure et un clocheton.

Dessin à la pointe sèche, ancré de bistre, sur papier glacé.

Le groupe des joueurs est encré de noir.

(1851)

Haut., 20 cent. ; larg., 28 cent.

30 — *Etude pour un « Conte rémois ».*

Contre la porte que domine un auvent, l'homme se courbe; il écoute. Sa main se porte au loquet; il va entrer sans bruit; à son côté, pend la longue épée. Son vêtement est caché par une large cape, et son profil, à gauche, par les bords de son feutre à plumes, au fond aplati.

Dessin à la mine de plomb rehaussé de gouache, sur papier gris.

1857

Haut., 32 cent.; larg., 20 cent.

31 — *Etude de manches.*

Un bonhomme, vu de trois quarts, à droite, en pourpoint de soie, les mains aux hanches.

Dessin au crayon rehaussé de gouache.

32 — *Etude pour « l'Arrivée au château ».*

Un gentilhomme Louis XIII, vu de dos et saluant de la main, tandis qu'il s'éloigne; la tête est vue de profil, à droite.

Dessin à la mine de plomb rehaussé de gouache, sur papier bleu.

1881

Haut., 25 cent. 1/2; larg., 12 cent.

53 — ***Soldats de la première République.***

Cinq soldats de la République s'avançant, le geste enthousiaste ; celui du milieu lève son épée de la main droite, son chapeau de la gauche.

Croquis à la plume, sur papier blanc.

54 — ***Etude de jambes.***

Les jambes d'un soldat blessé.

Dessin au noir et au blanc, sur papier gris.

55 — *Dans un même cadre :*

Cinq feuillets d'études de mains.

Croquis à la mine de plomb et au crayon noir.

1848

56 à 58 — *Dans un même cadre :*

Une main levée, à la poignée d'un sabre de cuirassier.

Officier bavarois mort.

Étude pour le *1807*.

Avant-bras et main de cuirassier à la poignée d'un sabre.

Croquis à la mine de plomb.

1887

59 — *Dans un même cadre :*

Études de hussards, en selle.

Trois croquis à la mine de plomb.

60 — *Dans un même cadre :*

Trois études de jambes et de culotte de reître.

Croquis à la sanguine.

61 — *Tête de Vierge, les yeux levés au ciel.*

Croquis au crayon noir, avec quelques touches de blanc.

62 — *Etude pour « l'Arrivée au Château ».*

Croquis à la plume.

Au verso, étude par le *Carrosse du Cardinal*, croquis à la plume.

63 — *La Lecture chez Diderot.*

Épreuve du calque gravé à la pointe sèche.

Dessin à la sanguine ; les têtes sont reprises à la plume.

64 — *Etude de Cuirassier.*

Le bras droit levé, profil à gauche.

Calque à la mine de plomb, avec quelques touches de gouache. Étude pour le 1807.

65 — *Dans un même cadre :*

Trois croquis à la mine de plomb. — Études de personnage Louis XV et de soldats.

66-67 — *Dans un même cadre :*

Une femme assise, vue de dos.

Croquis à la mine de plomb.

Une femme assise, vue de profil, à gauche.

Croquis à la sanguine.

Études pour l'*Arioste*.

KARL ROBERT

68 — *L'Etang.*

Fusain important.
Signé à gauche, en bas.

ÉCOLE FRANÇAISE

69 — *Portrait d'homme.*

Miniature ovale.

ÉCOLE FRANÇAISE

70 — *Nature morte.*

Des fleurs dans un vase.
Gouache.

ÉCOLE FRANÇAISE

71 — *La Toilette de Vénus.*

Miniature.

Haut., 8 cent.; larg., 55 millim.

Gravures

GUÉRARD

72 — *Les Corbeaux.*

Lithographie.

Frise.

MEISSONIER

73 — *Le Rire.*

Gravure à l'eau-forte par Bracquemond.
Éditée par Georges Petit.
Épreuve de remarque, sur parchemin.
Signée de Meissonier et de Bracquemond.
Collection Coquelin.

MILLET

74 — *Les Glaneuses.*

Eau-forte de Damman.
Éditée par Georges Petit.
Épreuve de remarque sur Japon.

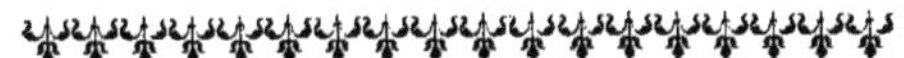

Sculptures

CARRIÈS

75 — *Épave de théâtre.*

Le col serré dans une cape, la tête coiffée d'un large feutre, le vieux masque ravagé se donne encore des airs conquérants.

Buste en bronze; très belle épreuve d'une patine unique.

MARQUET DE VASSELOT

76 — *La Comédie humaine.*

Frise pour le monument élevé à la gloire de Balzac.

MARQUET DE VASSELOT

77 — *Buste de Corot.*

Bronze.

Paris. — Imp. Georges Petit. — 3063-96.

www.ingramcontent.com/pod-product-compliance
Ingram Content Group UK Ltd.
Pitfield, Milton Keynes, MK11 3LW, UK
UKHW022151170726
13837UKWH00004B/1915

9 782329 544465